Das Andere
54

Roberto Calasso
Bobi

Tradução de Pedro Fonseca
Editora Âyiné

Roberto Calasso
Bobi
Título original
Bobi
Tradução
Pedro Fonseca
Preparação
Mônica Kalil
Revisão
Andrea Stahel
Livia Lima
Projeto gráfico
CCRZ
Imagem da capa
Julia Geiser

Direção editorial
Pedro Fonseca
Coordenação editorial
Sofia Mariutti
Coordenação
de comunicação
Amabile Barel
Produção gráfica
Daniella Domingues
Conselho editorial
Simone Cristoforetti
Zuane Fabbris
Lucas Mendes

© 2021
Roberto Calasso

© Primeira edição, 2024
Editora Âyiné
Praça Carlos Chagas
30170-140 Belo Horizonte
ayine.com.br
info@ayine.com.br

Isbn 978-65-5998-145-8

Bobi

«Vamos no Bazlen», me disse Zolla, sem me avisar antes. «Vittoria [Cristina Campo] quer saber o que ele acha do seu Williams.» Era uma seleção de poemas de William Carlos Williams, que viria a ser publicada muitos anos depois — e Bazlen era, então, um misterioso consultor para a Einaudi. Naquele dia o vi pela primeira vez.

«O primo Bobi»: para mim aquele nome pairava, havia tempos, nas conversas de Giorgio Settala (que chamávamos de Homem Mochilão, por causa da magnífica mochila de montanhismo, em estilo colonial, que era uma extensão do seu corpo). Sempre que o primo Bobi era evocado, o tom mudava, e era como se entrássemos em uma zona indomável, atraente mas elusiva, diferente de todas as outras. O que fazia o primo Bobi? Ninguém sabia dizer. Mas certamente estava um passo à frente de todos. Mesmo do próprio Settala, que, em todo caso, não podia segui-lo. Settala era um socialista fiel, dos velhos tempos (início dos anos 1950), obediente até em transferir uma cota dos seus parcos proventos de pintor ao partido. Coisa que o primo Bobi deplorava. Foi esse o primeiro fato preciso que aprendi sobre ele.

    Mais tarde, descobri que o meu irmão Gian Pietro conhecia e frequentava «o primo Bobi». Naquele tempo, ele não era incapturável, não localizável, como se poderia pensar pelas palavras de Giorgio Settala. Logo se tornou a pessoa que eu mais desejava encontrar naquele lugar desconhecido que se chamava Roma.

O que eu esperava encontrar em Bazlen? Exatamente aquilo que ele era, constatei. Além disso, uma espécie de furacão silencioso que, até pela sua total ausência da cena, tivesse o poder de dobrar e achatar aquela geografia preestabelecida que, então, constituía não apenas a literatura, mas, numa concatenação que parecia impenetrável, também o cinema, a política, a pintura, o teatro, a moda e o resto. Não faltavam os talentos — na verdade, com a distância de algumas décadas, é quase assustador pensar naquela profusão imponente, se observarmos a pequenez daquilo que se seguiu —, mas faltava algo. E talvez o essencial. Bazlen foi para mim esse essencial.

Bobi estava no primeiro andar da Via Margutta, número 7. Um quarto numa pensão, depois outro quarto, onde nunca pus os pés; talvez fosse um pedaço de um quarto de despejo. O telefone ficava no corredor. O quarto de Bobi dava a impressão de uma organização perfeita, sem que por isso fosse particularmente organizado. À esquerda, uma cama onde se desempenhavam as funções mais importantes: ler, escrever, dormir. Algumas pilhas de livros, alguns permanentes, outros de passagem. Via-se logo a diferença. Uma minúscula mesinha no meio. Num canto, um fogão para o café. Bobi usava um suéter norueguês marrom-escuro, uma tonalidade suavizada pelo tempo, que imediatamente me agradou. Não era um homem dado a preâmbulos. Sem demora, já falava da tradução, de Williams, do estilo de Campo. Era uma das raríssimas pessoas cujas palavras incidiam na mente de quem as escutava não apenas por aquilo que diziam, mas pelo timbre, pelo tom, por um certo gesto implícito.

Dava por subentendido que a tradução era muito bonita — e era a pura verdade. Mas queria ainda algo além. Williams não deveria aparecer apenas como o *Dichter*, o «poeta». *Dichter* é palavra que, em alemão, tem muito mais peso que «poeta». É a criatividade em seu significado mais amplo, abrangente, dominante. A literatura alemã é toda ela erguida e perseguida por essa palavra, que teve nela a oportunidade de encarnar-se plenamente apenas em um homem e em uma obra: Goethe.

Bobi queria que Williams se mantivesse tanto quanto possível longe de tudo isso. Era um médico ianque que andava entre os seus pacientes com uma maleta profissional, e, no entanto, certos versos brotavam dele, às vezes como de um literato chinês, outras como de um astuto modernista. Ninguém sabia, como Cristina, entrar em cada uma dessas figuras. Bastava apenas não acentuar o *Dichter*. Em suma: não havia nada a modificar. Talvez somente reler e dar alguma leveza onde houvesse a suspeita de uma beleza por demais evidente. Tudo isso dito em poucas palavras, casualmente, como se Cristina já soubesse.

Eu estava encantado. Não havia nada de novo nem de surpreendente naquilo que Bobi dizia, mas o subentendido parecia enorme e *não* coincidia com aquele, estático e luzente, de Cristina. «Tenho duas mãos», ela costumava dizer. «Uma é Hofmannsthal, a outra é Simone Weil.» Não poderia agir de outra maneira. O seu território, um *templum*, estava já desenhado. Bobi o intuía, o aprovava, não tinha nada a objetar, mas mirava também mais longe. Onde? Não era claro, mas eu estava ali para descobrir. Depois daquele dia, começamos a nos ver sozinhos, cada vez mais. E sempre fora, em lugares diversos, dentro e fora de Roma. Nunca aprendi tanto como naqueles passeios improvisados.

Antes que a palavra *boom* se difundisse, a Via Margutta era uma tranquila rua de província, repleta de lojas de molduras, restauradores, copistas — e alguns antiquários ambiciosos. Dali se chegava à Via del Babuino como à cidade grande, naquele nervo que unia o trapézio paradisíaco da Piazza di Spagna com a plenitude circular da Piazza del Popolo.

A mais alta concentração de elegância e ímpeto acontecia no ângulo entre a Via Condotti e a Piazza di Spagna. Ali podia acontecer de ver passarem, como uma rajada de vento, mulheres de impetuosa beleza, que vinham não se sabe de onde e iam não se sabe aonde. Essa era a cena que ia ao encontro de Bobi quando ele saía de casa. Até mesmo Roma ficou por um momento incrédula em relação ao que lhe havia acontecido. Como depois de toda guerra, e dessa vez mais do que nunca, houve quem pensasse que tudo mudaria. Assim também Bobi, por razões que nada tinham a ver com aquelas de quem o cercava. Mas ele também teve que mudar de ideia. Houve um momento — ele me contou — em que *viu* a Terceira Guerra Mundial. Um casal impecável (poderia ter sido E. M. Remarque e Paulette Goddard) se curvava para olhar com atenção aquisitiva a vitrine de um antiquário que resplandecia de preciosidades sobreviventes. Então, tudo recomeçava. Tudo *como antes*.

Mas havia também uma outra visão, que fazia o contraponto. Adjacente à escadaria houve sempre, na Piazza di Spagna, a Babington, casa de chá rigorosa e agradabilíssima. Todas as manhãs, um mendigo se plantava perto da entrada e fazia o seu trabalho. Ao soar das cinco, entrava e pedia um chá completo. E ficava até o fechamento. Bobi também frequentava muito a Babington. Os preços eram muito altos.

Tudo aquilo que Bobi dizia sobre os livros era o que mais me atraía, me espantava, e depois eu ficava elaborando, tentando conectar os pontos, por vezes muito distantes. Mas havia algo que precedia, e talvez mais importante, que sustentava as suas palavras. Com ele, pela primeira vez, eu tinha a impressão de alguém que conseguiu se livrar de todas as *ideias correntes* (e eram muitas, então — e pesadas, e difíceis de serem afastadas). E isso após ter passado por elas, mas num tempo remoto, como doenças infantis. Havia uma outra maneira de respirar, evidentemente — e com ele se sentia, sem que dela jamais se falasse. E uma estranha e irracional euforia tomava conta de tudo.

Aquilo que mais me importava eram *os livros*. Eu queria descobrir em que Bazlen pensava para ter se afastado tanto daquilo que o cercava. Rapidamente me falou de dois escritores, cujo nome eu mal conhecia, como surrealistas parisienses e rebeldes: René Daumal e Roger Gilbert-Lecomte. Da maneira como se referia a eles, parecia que haviam tratado o surrealismo como um obstáculo que já nasceu velho. Andavam em busca de algo mais — e o haviam experimentado por si mesmos, com exercícios e experimentos, já por volta dos seus vinte anos. Foram direto ao ponto. Fizeram também uma revista que durou pouco, *Le Grand Jeu*, porque naquela época criar uma revista era quase uma obrigação. Mas, sobretudo, haviam mirado em coisas das quais os jovens da minha idade, nos primeiros anos da década de 1960, estavam ainda bem longe de se aproximar: o Vedanta ao lado de Spinoza, Guénon, o estado de vigília. Se alguém buscava um bom ponto de partida, não havia nada melhor.

Foi um alívio e uma brusca mudança de perspectiva. Guénon já era uma obsessão minha (e não pode ser diferente, quando nos aproximamos dele) e o Vedanta era a primeira epifania indiana que aos poucos se revelava para mim. Mas o que importava era também a mistura: a Paris daqueles anos, a febre das vanguardas e a decisão de abandoná-las. Daumal e Gilbert-Lecomte eram, antes de mais nada, uma maneira de atravessar tudo, que eles iniciaram e rapidamente suspenderam. Morreram muito jovens.

Mas eu esperava também um único nome de escritor, próximo ou distante, que despertasse em Bazlen aquele seu timbre resolutivo. Foi Strindberg. Parecia se tratar não daquele que era agora um clássico moderno, mas de um vivente, talvez de passagem por Roma. A palavra para ele, me lembro, era *superaquecido*. Strindberg dava a entender que a temperatura num instante se tornava abrasadora. Podia dizer absurdos sobre qualquer coisa, sobre as mulheres, sobre a cidade como perseguição, sobre a mesquinhez. Mas sempre permanecia um rastro ardente, nas palavras.

Em Roma, no *meio*, todos conheciam Bazlen, ou presumiam conhecê-lo. Estes últimos eram a maioria — e eram imediatamente reconhecíveis porque dispunham de um repertório de casos, na maior parte imprecisos ou equivocados, a seu respeito. Muitos diziam vê-lo, e ele não via ninguém. Alguns daqueles que realmente o conheciam mencionavam-no com uma admiração, e por vezes uma devoção, que não tinha necessidade de provas (Elena Croce, Giacomo Debenedetti, Elsa Morante). Sobre cada um deles, o juízo de Bazlen era penetrante, desprovido de indulgências, milimétrico. Mas já havia se distanciado deles. Haviam atravessado uma outra fase da sua vida.

Se alguém me perguntasse qual foi, naqueles primeiros meses, o maior efeito que Bazlen causou em mim, eu deveria dizer: dissuadiu-me de escrever. Estava para sair na *Paragone* um longo ensaio meu intitulado «Th. W. Adorno, o surrealismo e o 'mana'», árido como nunca, último prolongamento de uma paixão adolescente que havia começado com uma arrasadora leitura de *Minima moralia* — e me lembro de ficar aterrorizado com a ideia de que Bazlen o lesse. Nem tanto porque eu sabia que ele era refratário a Adorno (sobre ele, disse algumas palavras pérfidas, que me balançaram: «É daqueles que se perfumam porque têm medo de feder»), mas porque eu suspeitava, não equivocadamente, que, segundo ele, o próprio ato de escrever, ainda que quase inevitável para quem é jovem, era um obstáculo a ser superado o mais rápido possível. Ou seja, o contrário do plano daqueles que até a véspera treinavam para escrever, como se fosse o objetivo último da vida. Evidentemente deveria existir algo além. Mas o quê? Deveria ser algo que, sobretudo por meio de determinados livros, se manifestava. Dos livros se partia e aos livros se retornava. À sua maneira, era a melhor justificativa para aquilo que Bazlen fazia todos os dias: falar de livros, quem sabe a um amigo — e talvez também a um editor. Era uma atividade que uma única pessoa sabia praticar plenamente: o próprio Bazlen.

A Roma, quem chega não é um *turista*, mas um *peregrino*. Entre eles, é preciso contar os não poucos expatriados que passaram por Roma logo após a guerra, anos de potencial felicidade e garantida facilidade (também podiam ser W. H. Auden, depois transferido a Forio, Ingeborg Bachmann ou Muriel Spark ou Gore Vidal). A cidade exigia apenas alguns dólares e oferecia magníficos palácios decadentes que eram alugados ao preço de esquálidos apartamentos de periferia. O mar era perto e facilmente acessível. A comida era mediterrânea e não precisava se definir como tal.

Eram todos observados e aceitos, mas sempre com ironia, porque considerados como seres incompletos, que precisavam ir em busca de algo que deveriam ter de nascença, e não tinham. *Civis Romanus sum* é um sentimento que em seguida se expandiu na catolicidade, mas não mais fundando-se nas armas. Bastava um sorriso de lado ou aquela redução à crueza de qualquer coisa, que terminou por realizar-se nos versos de Giuseppe Gioachino Belli.

Bazlen não era turista nem peregrino. Se ia em busca de algo, era mais a Oriente, aquela parte da terra na qual o espírito romano conseguiu exercer menos o seu poder militar e, afinal, o seu dissolvente sarcasmo. E sobre esse Oriente, além disso, não se compreendia muito bem onde se iniciava ou terminava. Era, na verdade, o lugar de quem tinha se livrado do desejo de se fixar em um destino, como, aliás, é o desejo de todo peregrino.

Era essa, talvez, a não localidade de Bazlen, essa desenvoltura que o tornava incapturável, como eu já havia intuído das palavras do primo Giorgio Settala.

Havia uma diferença muito simples e decisiva entre Bazlen e todos os outros do *meio* que Bobi via diariamente em Roma durante a guerra. Quando criança, em Trieste, com as costas apoiadas em travesseiros, Bazlen havia lido tudo o que de significativo aparecia. Nomes jamais ouvidos, formas novas (eram os breves anos das vanguardas), contínuas surpresas. Sua primeira língua era o alemão, depois o inglês e o francês, com as quais tinha a maior familiaridade. Que se deviam conhecer os livros do «Jüngste Tag» de Kurt Wolff era uma obviedade — assim chegavam Kafka, Benn, Trakl, entre outros. Tudo que a *Nouvelle Revue Française* indicava era lido.

Na Itália, a situação era completamente diferente. Os mais audazes (Debenedetti, Solmi) avançavam até Proust ou Radiguet. A *Mitteleuropa* permanecia terra desconhecida. Dentre os vizinhos, apenas Svevo suscitava reações, com toda a razão. Mas, aqui também, foi Bazlen quem obrigou Montale a lê-lo e escrever sobre ele.

Para muitos, essa ficou sendo a barreira entre Bazlen e eles próprios. Bazlen era aquele que sabia algo a mais. Mas sabia as coisas *certas*? Ou podiam ser elas também efêmeras inspirações que passam como o vento? E, em todo caso, negligenciava-se o porquê daqueles gostos, daquelas certezas não autorizadas.

Em Trieste, em 1925, Bazlen se aventurou em uma *luta com a máquina de escrever*, que se iniciava assim:

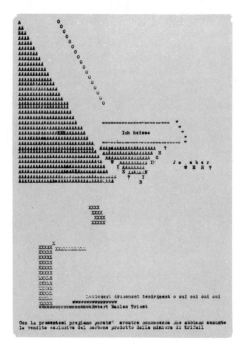

A prosa italiana vivia, então, sob a sombra de D'Annunzio, suntuosa por obrigação, frequentemente sufocante, hipertrabalhada sem necessidade. E, abaixo de D'Annunzio, estendia-se a vasta plaga de Sem Benelli.

Na *Luta* de Bazlen, respiravam-se outros ares, deslizando entre quatro línguas e um dialeto (o triestino), com nítida prevalência do alemão, que se tornava ágil, coloquial, até despudorado. O italiano já era uma paródia do monólogo interior. Saba, Svevo, Joyce, Gadda, Kafka, Valéry apareciam como personagens familiares, ao lado de um bando de tias.

Bazlen falava de Kafka com o seu amigo Schiffrer em 1925, quando *O processo*, *O castelo* e *O desaparecido* ainda não haviam sido publicados. E Kafka tinha morrido um ano antes. Dele, podiam-se ler somente os magros volumes de Kurt Wolff e da Schmiede. E, no entanto, Bazlen procurava exatamente aquelas poucas páginas — e não as de Thomas Mann ou de Stefan Zweig e de ritmo já clássico.

Bazlen era inadequado a qualquer função, exceto a de entender e de ser. Mais do que os testemunhos de quem esbarrou nele nos primeiros anos triestinos, fala por ele essa *Luta*, manuscrito que afortunadamente sobreviveu, repleto do seu espírito irreprimível, que rapidamente se esparrama: «não tenho nada a dizer absolutamente nada nada nada e uma vez mais me pergunto   dever ser a quinta ou a sexta   se devo escrever sobre... ou então sobre... ou sobre... é preciso notar que coloquei os pontinhos porque não sabia o que colocar no lugar deles porque ainda que eu seja uma pessoa ricamente dotada dos dons da fantasia diante da máquina de escrever que paralisa todas as faculdades espirituais qualquer possibilidade criativa se bloqueia fato que muitos me poderão com certeza contestar mas são todos *homines sapientes* e sobre isso não discussão ou então é Paul Valéry que certamente é um homem de absoluta simpatia mas com cuja *forma mentis* não consigo minimamente me familiarizar porque todas as suas premissas como Vontade Forma Arquitetura Agricultura e Pastoreio são contrárias ao meu sistema fisiológico de me deixar levar pela corrente   de superficial falta de forma etc. *voilà*   e agora recomeço de novo a lamentar-me de como tudo isso me entedia todas as noites quando me sento à máquina para escrever e escrevo e me contradizendo mesmo assim emerge em mim um impulso em direção a uma forma que se conclua sempre e imediatamente».

«é muito difícil se tornar uma pessoa de bem eu tentei nestes últimos dias mas o fracasso foi total lamento não por mim que serei bem capaz de superar também isso mas pela minha família que claro poderia pretender algo a mais de uma pessoa tão inteligente como é o meu filho serei também muito inteligente mas não sei escrever à máquina e então o que faço de toda a minha inteligência isso é absolutamente verdade absolutamente eu sou e continuo sendo um híbrido entre um *bourgeois* e um *outsider* dois conceitos que são totalmente inconciliáveis e quem carrega um e outro não pode se tornar nem um nem outro a não ser assassinando uma dessas duas qualidades e é isso que tenho intenção de fazer nos próximos tempos quer dizer que quero eliminar pela raiz o intelectual que existe em mim e aquele que permanecerá será o *bourgeois*! *Voilà*!»

Trieste já era uma gaiola maléfica, e por vezes «uma vida infame», onde se misturavam os encontros decisivos (Svevo) e uma família composta apenas de mulheres (o pai morrera quando Bazlen tinha três anos):

«Então ontem quando por volta das sete e meia da noite eu estava indo até a Elsa encontrei Italo Svevo que vagueava aborrecidíssimo nas proximidades da Via Rossini e puxei conversa com ele após o que pegamos as nossas coisas e falei para ele me acompanhar. Ele não fez nenhuma objeção ao contrário estava entusiasmado ainda que um pouco ofegante pelo esforço das escadas subiu todos os quatro andares e logo se desenrolou uma das mais belas cenas de reconhecimento que já presenciei na minha vida. Empolado, respeitoso, cerimonioso, espirituoso etc. etc. como sempre foram recordados todos os graus de parentesco e ela foi descoberta *sub specie* da irmã do doutor Oblat, ou seja, de uma perspectiva da qual eu ainda não a tinha visto. Agora devo experimentar se escrevendo muito atentamente e muito lentamente a escritura desta máquina fica um pouco mais regular do que foi até agora mas me parece que não e que tem algum defeito crônico cujos sinais não sei identificar. E é por isso que decido escrever um pouco mais rápido do que tenho feito até agora e deixar que as coisas caminhem como querem e sem problemas e sem coisas do tipo escrever escrever escrever rápido mais rápido rapidíssimo e assim por diante».

O que Bazlen esperava, quando se falava em *revolução*? Também sobre isso ele tinha as suas ideias:

«E quando estoura a revolução eu coloco o meu *smoking* e acendo um cigarro (Egyptian Prettiest Chinasi Bros.) leio um livro de Henry James e espero que o filho da minha porteira venha me pegar para me levar para a guilhotina   serão bons tempos esperemos que eu não me torne um covarde e não tenha medo ainda que essa característica eminentemente burguesa não me incomode tanto assim porque é um dos melhores exemplos do instinto de autopreservação. Envergonho-me de ter que confessar que ontem no cinema onde exibiam *A morte de Danton* eu também ri junto com toda a turba quando Danton diante do tribunal da revolução cai numa estrondosa risada histérica que diabos estou arrumando no final deste ano quando tenho que pagar todas as minhas dívidas e não vou ter o dinheiro para pagá-las não é que a questão me deixe particularmente agitado porque no entanto eu sei tem sempre algo que intervém e chega em meu socorro de modo que eu não terei que pagar tudo porque do contrário em casa vai ser o fim do mundo ou então vou em todo caso conseguir sempre encontrar alguém que me empreste o dinheiro o que tampouco seria tamanho infortúnio e além disso há uma frase do místico Blake que sempre me causou uma grande impressão a raposa provê para si mas Deus provê para o leão».

Trieste era cada vez mais opressiva, assim se abriu a possibilidade de uma rápida e fracassada tentativa com Gênova (onde Bazlen encontrou Montale). E isso também foi registrado na *Luta*:

«O Gadda herdou vinte milhões. Para o Tobo as coisas estão indo bem. O Nello esteve aqui. A Elsa está doente. O irmão do Joyce está namorando. O pequeno Menassè está nos lagos. E se o mundo dos diabos estivesse cheio e quisesse até nos engolir muito medo não teremos. Você é uma daquelas garotinhas que ainda pensam de maneira casta e honesta que do coraçãozinho deles dão presentes coquetes uma hora a um outra hora a outro. Que brincando de ciranda se comprazem do jogo de amar mas que as consequências fundamentais sabem bem evitar   caro Mirko não é realmente culpa minha se não lhe escrevi por tanto tempo mas antes de mais nada estive muito tempo fora e depois voltei com uma febre muito alta. Isso aconteceu já há um bom tempo e em seguida tive outra vez toda sorte de complicações de caráter moral e psíquico e nunca tive os famosos quinze minutos de tranquilidade absoluta para poder lhe escrever. Agora preciso de um par de palavras com k k k como por exemplo Krokodil e Kokosnuss porque até hoje uma das maiores dificuldades com a máquina de escrever foi que sempre consegui encontrar o k somente depois de muito tempo. Hoje percebo com horror que não apenas o k mas também muitas outras letras eu não encontro imediatamente mas espero que com o passar do tempo todas essas dificuldades sejam superadas   a máquina de escrever é uma coisa tremenda   agora eu a controlo parcialmente mas em Gênova lutei com ela por dias inteiros oito [horas] por dia e naquele período não consegui dominá-la completamente depois deixei meu trabalho porque entre outras coisas eu tinha vergonha. Aquele plebeu do senhor Morais que do alto da sua um pouco duvidosa exaltação pelo bom lugar conquistado me olhava balançando a cabeça o patrão absolutamente desprovido de senso de humor   o realmente simpático senhor Bottaro e todos os outros   a senhorinha inglesa entre outros eles me tiravam do sério».

«Hoje li Hermann Hesse e ontem Jean Paul em seguida conversei outra vez longamente com o Saba sobre o poeta Ungaretti e com Schiffrer sobre Kafka e sobre o estetismo do que se pode inferir que eu levo uma vida absolutamente intelectual   ainda mais do que seria do meu agrado, mas o que se há de fazer. Quinze minutos até o topo meia hora até o topo
    «ao contrário na verdade
    «me chamo Robert Bazlen.»

Bazlen não foi apenas o homem incapturável, mas também aquele que, por um motivo ou por outro, não foi *capturado*. Um dia, decidiu criar «a lista das tentativas fracassadas». Diziam respeito aos «quase três anos» da sua transferência de Trieste para Milão. Seguem-se setenta e dois nomes, acompanhados de um zero. Dentre eles, não poucos desenham o mapa de uma certa Itália daqueles anos 1930: Adriano (Olivetti), Solmi, Mattioli (banqueiro), C. E. Gadda, Bompiani, Foà, La Malfa, Carocci, Montale, Falck, Benco, ao lado de grandes empresas (Generali, St. Gobain, Navigazioni).

Milão, entre 1934 e 1936, foi uma *mudança de fase*, de Trieste, que havia sido tudo, a uma hipotética vida com um trabalho, que nunca se realizou. As cartas ao amigo Ludovico Sain são um fragmento de crônica sobre isso, escritas em um misto de italiano e alemão com notícias sobre conhecidos, contas a pagar e a receber, hipóteses sobre possíveis e sempre nebulosos trabalhos fixos — e, por fim, livros a serem lidos ou procurados. Sobre tudo paira Adriano (Olivetti), enquanto a empresa de duplo comando (pai e filho) passa por uma laboriosa fase de adaptação na qual Bazlen poderia e deveria também estar incluído, para tarefas que nunca eram claras. Assim prossegue:

«se você quiser ler o mais *inquietante* e demoníaco livro de toda a *literatura universal*, encomende *Die Blendung* [*Auto de fé*], de Elias Canetti.

«Muito em *bosques insignificantes*, e posto que Gadda estava *quase sempre* em Milão, tive a mais *magnífica paz* e pude comer todas as manhãs uma bela cebola crua, *da qual necessitava enormemente*, sem *deixar ninguém fedido*;

«Há algum tempo *o destino* me sopra *contra várias mulheres*, que eu sopro *para lá indignado* e ressentido;

«*coupé* com duas 'extraordinárias' garotas palestinas, *grande experiência* verbal, mas pela qual creio que todos terminaremos *circuncidados*;

«uma vida *presumivelmente* idiota, e estou escrevendo para você enquanto tenho *ao mesmo tempo* uma conversa *com o Grande Inimigo*, o Grande Plebeu Ressentido, cujo homicídio estou considerando e preparando;

«Carlo Emilio Gadda neurótico quarentão ex--engenheiro vaticano que colocou os aquecedores para o papa quer um emprego na Olivetti mas tem medo de incomodar;

«boteco pé-sujo definitivo em Milão: IL PESCE D'ORO com duas *filhas do proprietário* extraordinárias;

«teoricamente e praticamente ao léu. Sempre

que posso me retiro num Tibete qualquer da vida, do qual *caio* das maneiras mais inesperadas;

«Carlo Emilio Gadda, *ao que parece* célebre escritor, cuja mãe morreu 3 semanas atrás, e imediatamente entendeu todo o Freud, enquanto antes não sabia nada;

«Um livro extraordinário, que lhe aconselho muito vivamente, e que vai lhe fazer muito bem é o romance de T. F. Powys: *Le Bon Vin de Monsieur Weston*, que encontrei em tradução francesa numa revista. Mas pegue a edição inglesa, vale a pena;

«Escrevi bastante: um par de poesias, e comecei um segundo livro, mas muitas *anotações*;

«hoje em Longone sul Segrino entre Como e Lecco, acima de Erba, *na primeira região segantiana*, na casa de Carlo Emilio Gadda, onde ficarei poucos dias ou poucas semanas: agosto aqui em Milão completamente vazio e morto;

«*o todo* é tão infernalmente esquálido que não entendo *como consegui aguentá-lo por quase* dois anos;

«vejo unicamente pessoas que se preocupam com a Abissínia;

«sonho (mas — tenho medo — permanecerá um sonho) não retornar mais a Trieste;

«Kafka: o *Landarzt* [*Um médico rural*] agora me lembro, emprestado de De Vescovi... Se puder me mande o Kafka;

«pouquíssimos novos conhecidos, *nenhuma vontade*, mas, *entre os poucos novos*, o arquiteto De Finetti, discípulo de Loos, que *verdadeiramente entende*, e verdadeira *cultura*;

«E agora me ponho a traduzir Kafka!...;

[Entrada na Olivetti:] «dentro desde ontem; e precisamente desde 12.11.35 às 13h40 *aproximadamente. Agora que aterrissei nela*, é naturalmente um manicômio, *mas tão irritante que talvez eu fuja*. Vejamos; em todo caso não é um escritório, mas uma tensão abstrata entre uma arteriosclerose e um ressentimento (*do pai e do filho*. E, se correr bem, me torno *o Espírito Santo*, mas poucas chances);

«Kafka, — um mundo flutuante indeciso com muitas mudanças de perspectiva em poucas horas, espectral e divertido;

«obrigado, mas não me mande o Benn; tinha

aconselhado você a ficar com ele, *eu já o tenho há muito tempo*;

«*Experimentado* neste momento um esplêndido e suntuoso uniforme para ir amanhã à fábrica, e no qual nunca me compreendi *totalmente* explorado e vítima do sistema capitalista;

«Ivrea, neva, *e estamos depois do fim do mundo*: uma judia berlinense que borda para não se suicidar, *os outros já fazem isso há tempos*, estou cansado *de cair na terra e o meu inimigo mortal* é um *Júpiter falido*. Caminho em direção à boa posição de Plutão caindo de desdita em desdita; a última, seríssima, de ontem de manhã, é que Olivetti pai, o arteriosclerótico, como substituição da análise que ele sabe que estou fazendo, me prescreveu muitos meses de trabalho manual na fábrica *de manhã e à tarde* — porque ele, quando era jovem e tinha "ideias sombrias", trabalhava como operário em uma fábrica de Londres etc. etc. Me safei mais uma vez relativamente bem, porque para o diretor de exportação ele prescreveu repouso absoluto e óleo de rícino, *todavia é um duro golpe*, porque os quatro dias de Ivrea, que eram teóricos, tornaram-se *ai de mim* práticos, e a análise vai *presumivelmente* para as calendas (*se, como é possível, Gross logo se cansar de Milão*).

«Em geral, *agora insuportável*, com numerosos Uranos louros de olhos claros que despontam inadvertidamente dos *ângulos mais inverossímeis* da fábrica, com Júpiteres *dos quais desconfio* e Saturnos imbecilizados com experiência. *Nostalgia da cidade grande* como depois de anos exílio, hora do jantar, depois *neve* e às 10 cama.

«Astrologia: seja Adriano, seja o seu irmão Massimo, que se casou com uma astróloga, seja o doutor Weiss (primo de Edoardo), seja o engenheiro Modigliani (irmão do pintor) estão todos *contagiados* e, em vez de venderem máquinas de escrever, fala-se apenas de coisas chiques e, quando se cai muito baixo, de problemas sociais e da Humanidade a redimir. *Ou, então, de Urano*».

Quando se transferiu para Roma, Bazlen via a todos — e todos o conheciam. Era o contrário da situação na qual o encontrei em seguida. Então, surgiu *Il capitano di lungo corso* [O capitão de longo curso]. E um dia Bazlen pensou em escrever «as lembranças da minha vida», «um dos poucos livros que eu tinha sonhado em escrever». Ou deveria ser um diário? As lembranças nunca avançaram, do diário permanecem alguns blocos, nos quais impera o seu estilo.

Que era *o estilo de Bobi*, uma certa rapidez insolente, um impulso de ir além, sem se deixar enredar — e isso vem a ser idêntico à *Lotta com a máquina de escrever* [Luta com a máquina de escrever] até os anos de Roma, antes e depois da guerra, anos que foram uma mescla inextricável de encontros, inflexões, intolerâncias. Em 2 de setembro de 1944, foi esse o dia, Bazlen anota:

«Pela manhã só desenhei (8, 9), com todos os preparativos, em casa e na Leonor [Fini]. Mas logo tenho que ir embora, não há cigarros, o problema dos cigarros se torna muito difícil. Por fim, no Caffè Greco, com 30 liras consegui 10 Gauloises, de que na verdade nem gosto. Comi em casa, tenho que terminar ainda outro desenho (11), e o levo para o [Ernst] Bernhard. Passo quase o tempo todo a contar para ele como os desenhos nasceram. Em seguida, conversa genérica, ele fala da minha fundamental insegurança, depois disso eu, muito inseguro, confuso como uma criança, vou embora. Em casa, sem vontade de fazer nada, toca a Leonor, quando estou desenhando o 12. Corro até ela, no portão há um garrafão de vinho tinto arrebentado, limpamos e recolhemos num balde o vinho sujo. Leonor e o seu nariz estão escuros, Leonor tem uma grande cicatriz vermelha no joelho, como as crianças, e me implora para contar isso obrigatoriamente ao Tom hoje à noite. Leonor está furiosa, e chora de raiva, lhe fizeram uma afronta, teve que viajar por sete horas, e não só isso, mas com gente desconhecida, e não somente, eram do mercado clandestino. E ainda queimou um casaco, que custa 20 mil liras, e um garrafão de vinho tinto que havia trazido (e tinham até pensado em mim, e sabiam que eu muito teria apreciado) e tinha arrebentado na frente do portão. Chorava, preparava os sanduíches com manteiga, ainda não ligou para o Tom, teve sonhos esplêndidos, continua chorando de raiva, quer mais sanduíches com manteiga, Marco Cesarini Sforza também estava no Giglio (me saúda e quer muito o meu bem — etc.), mas agora não se pode fazer nada com o diário. Falta novamente luz em casa, e eu queria escrever, em vez disso desenhei os dois filhos do rei. Depois fui comer na Bianca. Transcorreu bastante bem, ela usava o vestido de cigana, que gosto muito, e ela sabe. Os guardiões da soleira estavam mais tranquilos que de costume, e em determinados momentos Bianca ficava dolorosamente bela, mas estava bem. Fez até uma frágil resistência quando fui ao terraço para derramar a última gota de vinho que tinha ficado no seu copo, porque Tom, verdadeiro gênio do mal, tinha me servido mais um pouco. Mesmo o que ele disse sobre política e comunismo não foi tenso, assim como não era tenso o meu interlocutor. De Libero estava o tempo todo no telefone e, de resto, era irrelevante. Por volta das 11 me cansei e fui embora. Dessa vez deixei na casa dela o meu casaco. Tom dormiu lá. Em casa, Bianca me ligou novamente, vem aqui amanhã por volta de 1-2. Elsa me chamou do terraço, veio me encontrar na escada. Charles chegou, melhor que eu não suba, seria despudorado, mas tenho que subir amanhã de manhã, a polícia americana a chamou de novo, alguém tem que ficar em casa, porque amanhã devem levar as coisas de comer. Dormi tarde, pensando muito e bem na Bianca».

Vida romana em 1941:

«Pizzaria Palmer, 10h20. Escuríssimo, não vou conseguir escrever. E pizza ruim, e vinho ruim. Deprimido, sem dinheiro, sem Ljuba, e em casa faz um frio de matar. s.o.s.».

11 de março de 1946, início de um caderno:

«Comprei este caderno vários anos atrás ('41?), era para virar o 'Diário do Ariano'. ELE quis que se tornasse o 'Diário do Judeu'. Que o Deus sem raça me ajude, se rezar for permitido (mas toda reza é pecado!), que um dia eu escreva o "Diário de um Chinês'».

Nos cadernos que publiquei pela primeira vez em 1970, encontram-se frases e fragmentos em que sinto a voz de Bazlen antes mesmo de ler o escrito. Eram palavras incorporadas nele, não pensamentos que se sobrepunham a ele.

Não eram anotações *em vista de publicação*, mas notas dirigidas a si mesmo, talvez para serem desenvolvidas um dia. Muitas vezes já bastavam, como esta, a propósito da Inglaterra: «Risque: utilitaristas (por exemplo, Huxley)». Ou sobre a morte: «Lao Tzu, o único que não morre — vai--se embora». Ou ainda: «É um mundo da morte — outrora se nascia vivo e pouco a pouco se morria. Agora se nasce morto — alguns conseguem pouco a pouco se tornar vivos». Mas aqui o olhar se detém. Já não é mais uma anotação à espera de ser desenvolvida. São palavras definitivas. Aquelas em que, num espaço mínimo, Bazlen falava da diferença entre o mundo no qual havia nascido (a última idade burguesa, em que todo passo era contado, e o último era a morte) e aquele momento inominável no qual se encontrava a escrever.

Mas o que significava «pouco a pouco se tornar vivos»? Era aquilo que Bazlen havia sempre tentado, a sua única atividade constante. Era preciso ser capaz de reconhecê-la, mas não era impossível. E sobretudo se reconhecia aquele «pouco a pouco», o trabalhoso contornar de algo desconhecido, que continuava a atrair. Do contrário se recaía na dura constatação: «Agora se nasce morto».

Um dia escapou a Bazlen, quase a contragosto, a resposta a uma pergunta que eu não lhe havia feito, mas poderia ter feito, assim como qualquer um, sendo uma pergunta-atalho: «O que poderia tentar um escritor neste momento?». «Ou o minúsculo ou o imenso... O Jules Renard (o *Diário*) ou o todo.» Palavras ditas como se escapassem.

Outras palavras ditas *como se desperdiçadas*, engastadas entre coisas completamente diferentes ou compreensíveis apenas com o acento de Bazlen: «Se uma única coisa, mesmo a menor delas, tem sentido, então tudo tem sentido. Se uma única coisa, por maior que seja, não tem sentido, então nada tem sentido».

Nas *Occasioni* [As ocasiões], logo antes de «Dora Markus», encontram-se os oito versos de «A Liuba che parte» [Para Liuba, que parte]. Dentre os poemas de Montale, poucos outros incidiram assim profundamente na memória. E os dois tinham origem em Bobi. «Dora Markus», de um cartão-postal com duas belas pernas de mulher no qual Bazlen havia *intimado* Montale a escrever um poema. «A Liuba che parte», do distanciar-se de uma amiga em tempo de catástrofe, acompanhada da gaiola de um magnífico gato, parecida com uma chapeleira.

Bazlen não estava convencido daqueles versos, como frequentemente lhe acontecia. Sentia que faltava algo neles. Mas o quê? Podemos deduzir apenas indiretamente, da resposta de Montale, porque a carta de Bazlen se perdeu. Em todo caso, a objeção de Bazlen penetrou em Montale, que respondeu caprichosamente. Ao mesmo tempo, aquele *algo* que faltava o obrigou a se revelar, ainda que com reticências. Mas, com Montale, era o máximo que poderia acontecer: «O poema para Liuba é, na verdade, o final de um poema não escrito. No caso, seria preciso preceder com alguma coisa, mas não me sinto confortável». O *algo* com que Montale *não se sentia confortável* em nominar era a catástrofe iminente da qual o próprio Montale teria sempre — por pouco — se esquivado. Mas que reaparece em uma nota ao poema na primeira edição das *Occasioni*: «Final de um poema não escrito. Antecedentes *ad libitum*. É preciso saber que Liuba — assim como Dora Markus — era judia». Aquele antecedente *ad libitum* era muito necessário — e dava àqueles oito versos uma tensão dilacerante e em suspensão.

Numa folha solta, entre as cartas de Bazlen, lê-se isto:

«Roma, 19.11.39
«Com Deus e com Ljuba —
«Piazza Navona — Tre Scalini — 13.40 —
«Cara Ljuba — o último beijo em Milão foi para a Hilde — o último aperto de mão para o Gerhard — a última gorjeta para um chofer — mas as minhas últimas palavras foram para você (acordei você?) — e o meu último, primeiro, total amor foi para você — e assim permanecerá — e agora estou aqui sentado em Roma, me preparo como espectro — e estou cansado, desolado e com um lamento íntimo nunca antes suspeitado, gosto de você, bebo (ao meio-dia, o que eu não deveria fazer) e começo o diário romano — que você um dia desses de alguma maneira vai ler, porque entre nós não existe mais nada de não dito e nenhuma das coisas do passado ocultadas por estúpidos pudores —».

Bazlen morreu em Milão em julho de 1965. Seguiu-se um silêncio geral. Quebrado em 6 de agosto pela voz mais autorizada, aquela de Eugenio Montale. Bazlen apareceu na sua vida pouco mais de quarenta anos antes como «uma janela escancarada sobre um mundo novo». Entre outras coisas, Bazlen também havia «falado» com Montale de Svevo, até então desconhecido por todos, definindo *Senilidade* como «uma verdadeira *obra-prima*, e o único romance moderno que a Itália tem (publicado em 1898!)». Assim se acendeu o fogo que logo se alastraria na Europa e fez de Svevo o único escritor italiano internacional, junto com D'Annunzio. E os comentários de Bazlen sobre os poemas de Montale, até as *Occasioni*, teriam sido preciosos e escutados, até quando contraditos. A propósito do «Carnevele di Gerti» [Carnaval de Gerti], Montale havia escrito a Bazlen: «Diga-me ferozmente a tua opinião e se pensas que eu devo parar de fazer versos». Ninguém mais do que Bazlen poderia ter julgado a sua poesia com mais conhecimento de causa. Ninguém mais do que Montale poderia ter escrito sobre Bazlen com conhecimento de causa.

Montale começou o seu artigo falando de dois B. B. que haviam sido importantes na sua vida: Bernard Berenson e Bobi Bazlen. O primeiro era definido cerimoniosamente como «o Senhor dos Tatos», lembrando que «até me honrou com a sua benevolência», como se aquela benevolência soberana fosse o traço principal da lembrança. Num salto repentino, passava-se em seguida a relembrar «aquele Bobi Bazlen que foi encontrado morto no dia 27 de julho em um hotel de Milão e que apenas poucos amigos puderam acompanhar para uma última despedida no cemitério onde são recebidos aqueles que morrem sem herdeiros e sem registro civil no município milanês».

E mesmo assim, escrevia Montale, entre os dois B. B., Bazlen era aquele que havia «deixado mais marcas em mim». Mas por que insistir em todos esses detalhes de agência funerária? Era para mostrar a imensa distância entre o «Senhor dos Tatos», que espalhava benevolência, e o outro B. B., que não era nem mesmo registrado na municipalidade milanesa? E por que deveria estar registrado, visto que Bazlen morava em Roma havia décadas?

Esse início já faz pensar numa contração psíquica em Montale, num ranger de dentes mal disfarçado, num eclodir de algo que quer ser dito, mas que é imediatamente sufocado. O nome de Berenson significava muito para muitos, enquanto o de Bazlen era conhecido por muito poucos. Era necessário, assim, começar do zero. E logo abandonar a alcunha de «intelectual», palavra que, segundo Jules Renard, tem sentido apenas como adjetivo. Porém súbito Montale voltava atrás e definia Bazlen como «o último e mais singular representante da inteligência triestina dos ditos anos 1930»: palavras que teriam repugnado Bazlen como poucas outras, pelo ridículo da afirmação e, além do mais, porque eram ditas por alguém que havia passado boa parte da vida *indo embora de Trieste* — e havia conseguido.

Mais do que uma homenagem a Bazlen, o elogio fúnebre de Montale era uma tentativa de mantê-lo a distância — e, se possível, a uma intransponível distância. Mas as definições não tinham terminado: poucas linhas depois de o «representante da inteligência triestina dos ditos anos 1930», Montale propunha uma outra, que provavelmente considerava mais lisonjeira. Bazlen teria sido «simplesmente um homem que gostava de viver nos interstícios da cultura e da história». O que quer que isso signifique, chama a atenção aquele «simplesmente» inicial, que torna tudo ainda menos claro. O que afinal teria Bazlen encontrado naqueles interstícios? «Sempre novas inquietações intelectuais e morais.» Aqui, também, uma linguagem que Bazlen teria abominado. Logo em seguida, Montale escorregava nas distorções da evidência: «Muitos editores dele se serviram enviando-o 'em patrulha' a zonas inexploradas». Isso é pura falsidade; Bazlen nunca foi «enviado» pelos editores e certamente não «em patrulha». As «zonas inexploradas» eram aquelas que Bazlen já explorara havia anos e sobre as quais contava algo aos editores, que, na maioria das vezes, o ignoravam.

Quanto mais Montale se esforçava para homenagear Bazlen, mais o desonrava. E não deixou nem mesmo de precisar que, «nos últimos meses, um benemérito editor milanês lhe destinou um pequeno salário». A essa altura, porém, era preciso endireitar a mira, voltando a atirar para o alto. Seria talvez Bazlen um místico? O que dizer... Aqui novamente pairava a incerteza: «Se nele houve uma fé, deve ter sido praticada de maneira iconoclasta e totalmente inominável». Ao que imediatamente se acrescentava a consequência: Bazlen não deixou «nada que possa ser entendido como uma obra». Palavras que, com dificuldade, escondem um suspiro de alívio. E, finalmente, uma última definição: «Mestre de uma cultura que era toda subterrânea». E que «subterrânea» e nada incômoda deveria permanecer. Vêm à mente as palavras usadas por Montale para contar sobre a aparição de Bazlen em Gênova, em 1923: «Nos víamos todos os dias em um café subterrâneo perto do Teatro Carlo Felice de Gênova. Me falou de Svevo, fazendo com que, em seguida, me chegassem os três romances do autor; me fez conhecer muitas páginas de Kafka, de Musil (o teatro) e de Altenberg». Todos autores *subterrâneos*, precisamente.

Entrevê-se, pelas velaturas autobiográficas fornecidas por Montale, que Bazlen teve em relação a ele também a função de deixar que lhe viesse à mente a possibilidade de uma mudança completa que o teria induzido a alterar a configuração prudencial da sua vida. E a isso Montale não estava disposto. Clizia (Irma Brandeis) teria ocupado o lugar da Mosca (Drusilla Marangoni) não apenas na evocação do verso, mas na sua vida. Foi a ferida insanável entre Montale e Bazlen.

E, mesmo assim, um vínculo continuou a existir, e transparece também no infeliz epicédio, porque Montale havia permanecido um dos poucos que sentiam «atrás de si a matilha ululante dos cães que ladram», pertencendo à seita de «quem ainda hoje pode ser considerado artista». O laço que se havia estreitado na época dos *Ossos de sépia* não terminou nunca de se esgarçar.

A obra consumada de Bazlen foi a Adelphi. Definível com uma frase que ele me disse no dia em que falou sobre ela — e a Adelphi ainda não tinha um nome: «Vamos fazer somente os livros de que gostamos muito».

Não era preciso mais nada. Logo já havia um escritório no pátio de um edifício da Via Morigi, no austero estilo milanês, onde sempre estava Luciano Foà, junto da secretária Donata. Por um período, Claudio Rugafiori morou em uma mansarda do prédio. Claudio e eu erámos os «mutantes», como Bazlen nos havia batizado. Havia também o binômio Colli-Montinari, com os seus fiéis, já colocados à prova por Colli na *Enciclopedia di autori classici* [Enciclopédia de autores clássicos], da Boringhieri, ótima escola. Colli e Montanari significavam, antes de mais nada, a edição crítica de Nietzsche, com mais de três mil páginas inéditas e uma mudança radical na impostação. Essa edição era o eixo central da Adelphi — e rapidamente se viram os efeitos, antes na França que na Itália, sempre cautelosa diante de Nietzsche. Sergio Solmi era o visitante noturno, que sussurrava as suas paixões, sempre almejadas e geralmente desconsideradas até então. O subentendido era que aqueles livros eram aceitáveis para Bazlen quando não eram sugestões dele. Na época, aqueles nomes, aqueles títulos afloravam em folhas de papel de seda amarelo. Eram o hipotético programa da Adelphi, ainda não dividido por coleções. Com exceção de um caso, os Clássicos, que tinham desde o início uma robusta articulação. E era a parte da Adelphi que menos interessava a Bazlen. Considerava-a subentendida.

Para ele, essenciais eram aqueles que chamava de *livros únicos* — e podiam ter a forma de romances ou memórias ou ensaios ou, em suma, de qualquer outro gênero. Mas, em todo caso, deveriam nascer de uma experiência direta do autor, vivida e transformada em algo que se destacasse, solitário e autossuficiente. Cada um desses livros era um caso em si, por isso a consequência imediata podia ser que, a cada vez, cada um se distinguisse de todo o resto também pelo seu aspecto físico. Discutimos longamente a questão e tentamos seguir essa linha em várias direções. Depois — e quase não percebemos — o plano se inclinou na direção de uma forma que mantivesse unidos os *livros únicos*, ou seja, na direção do desenho de uma coleção que, num determinado momento, começamos a chamar de «Biblioteca Adelphi». Hoje essa coleção compreende mais de setecentos títulos e é a primeira imagem que, para muitos leitores, identifica a editora. A unicidade se havia transformado em uma pluralidade, mas essa pluralidade tinha, porém, algo também de único, porque nascia de uma única cabeça. Bazlen morreu em 1965 e pôde ver pronto apenas o exemplar do primeiro número da Biblioteca, *O outro lado*, de Alfred Kubin, livro ao qual era muito ligado não apenas porque era o mais belo Kafka antes de Kafka, mas porque «o outro lado» era o próprio lugar onde a Adelphi se situaria.

Uma editora é feita de *sim*, e ainda mais de *não*. E esses *nãos* podem vir de muito perto, de algo que pode ser assimilado por nós mesmos, se o olhar não souber reconhecer as pequenas discrepâncias fatais. Bazlen sabia disso melhor do que qualquer pessoa que eu conheci. É isso que se condensava em uma frase das suas *Note senza testo* [Notas sem texto]: «O pior inimigo é o inimigo que tem os nossos argumentos». Insídia que se manifesta em todos os lugares — e ainda mais nas coisas que nos importam. Assim se deu também na Adelphi — e a ocasião foi um livro de Bettelheim, *O coração informado*, que Adelphi acabou publicando em 1965 com o título *Il cuore vigile* [O coração vigilante]. A editora idealizada por Bazlen poderia também ir contra ele. Que não se opôs, ainda que o livro tenha sido precedido por uma carta sua, destruidora, em que se revelavam, uma a uma, as várias passagens nas quais o duplo Bettelheim, de benévolo amigo, podia se transformar no «pior inimigo».

Eram os anos em que se falava obsessivamente da *massa* (mais ainda do que hoje). E uma parte do livro de Bettelheim — aquela que Bazlen desprezava — era uma espécie de manual para escapar da horrível massa. Isso, com a sua ostentação de bons sentimentos, já irritava Bazlen: «Por que eu digo que a reação contra a massa é uma banalidade? Porque assim se tornou. Que os primeiros que compreenderam o perigo da massa e que para denunciá-lo encontraram as primeiras palavras, que eram *eles*, e as disseram com um timbre deles e uma inflexão deles, não foram banais, é óbvio. Mas aquelas palavras se desgastaram e agora estão na boca de um rebanho antirrebanho que reage contra o mundo pré-fabricado com reações pré-fabricadas, no nosso caso com uma terminologia pré-fabricada que me parece cada vez mais perigosa que aquela da massa. O perigo para nós já não é a massa, com a qual não temos nada em comum; o perigo é a massa antimassa com a qual, querendo ou não, algo em comum ainda permanece... Quem são os Bettelheim? Os Bettelheim são uma massa que entendeu os perigos que a outra massa apresenta. Usam palavras que eram corretas na boca de um indivíduo isolado, mas que nas muitas bocas de muitos Bettelheim se tornaram palavras de massa. Os Bettelheim são superficialmente mais vivos que aqueles que nem sequer são Bettelheim, e não apenas superficialmente mais inteligentes que aqueles que nem sequer são Bettelheim, mas as palavras deles semeiam a mesma morte que as palavras dos outros».

Há também um sinal seguro para compreender onde o processo de massificação da antimassa já é atuante. Bazlen não se opunha ao livro em seu conjunto (na verdade, apreciava a parte sobre os campos de concentração), mas não queria que fosse publicado como o primeiro número da coleção Ensaios, então em preparação (e assim não foi): «Dessa forma, se não quero entre os 'ensaios' o primeiro livro, aquele dos Bettelheim, não é por aquilo que dizem, que é ao menos razoável, é por determinadas palavras que eu esperaria que a Adelphi jamais publicasse (a não ser que seja para se posicionar contra), palavras como *integrated* ou *adjusted*». Creio que respeitamos o seu desejo.

Naquele dia em que Bazlen me falou pela primeira vez da Adelphi, terra sem nome — e alguns dos nomes que circulavam na época são hoje de causar espanto: o Spartiacque (era o preferido de Bobi, naquele momento), Orlando, Acquario, Anfora, Aleph —, tinha acabado de começar uma torrencial sequência *de cartas sobre livros* para Foà, com comentários e observações disparatadas, que duraria para Bazlen até o seu último dia.

Em seu conjunto, é um formidável diário editorial que diz muito do que é feita a Adelphi e de como nasceu, mas também oferece lampejos inconfundíveis de como Bazlen concebia *a relação* entre os livros e as razões pelas quais deveriam estar juntos ou se excluírem. Nada pode substituir a concisão das suas palavras e a capacidade de estabelecer, como se fossem óbvias, conexões acrobáticas: «*A via de um peregrino*: você viu? Se você gosta, seria muito interessante, me parece, publicá-lo junto ao *Solitary Confinement* [Confinamento solitário], de Christopher Burney, e ao Gosse [*Pai e filho*, de Edmund Gosse], e a um quarto possivelmente muito diferente, se Deus o colocar no nosso caminho». Um texto místico — ou melhor, *o* grande texto místico do hesicasmo russo, então impossível de encontrar; o testemunho de uma reclusão durante a última guerra mundial; a história de uma infância vitoriana, difícil e amorosa, entre um pai e um filho; por fim, «um quarto possivelmente muito diferente, se Deus o colocar no nosso caminho»: difícil imaginar outro alguém que soubesse ver a afinidade intrínseca entre esses três livros, ao ponto de inseri-los entre os primeiros títulos de uma nova coleção, a Biblioteca, na qual de fato foram todos três publicados e ainda hoje são encontrados e descobertos por novos leitores. As épocas, os gêneros, os estilos variam, até o total estranhamento. Mas algo *mantém unidos* esses livros — e os bons leitores deveriam perceber isso. Cultivando também a espera por um quarto livro, «possivelmente muito diferente», porque os limites preestabelecidos nesse caso são vãos. Também nessa amplitude de horizontes se baseava a ventura da Adelphi, a sensação de navegar em águas que ninguém conseguia prever.

Nas cartas de Bobi para a Adelphi, muitos são os pareceres detalhados, mas não menos importantes são as estocadas de efeito fulminante:

«Strindberg está quase ficando são, ou melhor, o único são»;

«Agora, na Alemanha, deveria começar a ditadura da [Nelly] Sachs. Aqui, felizmente, não precisamos dela»;

Sobre *Woyzeck* traduzido: «a única coisa sobre a qual eu insistiria é o *staccato*... Büchner está precisamente nisso»;

Ou mesmo sobre Karl Kraus: «Sabia paralisar. Não me basta».

Para a Adelphi, não se tratava apenas de uma afinidade entre livros, mas entre imagens. Em Amsterdã, Bazlen vê uma obra de Hercules Seghers, então amplamente ignorado. Escreve a Foà: «A fotografia de uma água-forte de Herkules Seghers, que em Amsterdã me havia chamado muito a atenção e que eu achava que poderia servir, quem sabe, para um catálogo ou um panfleto ou algo parecido».

Passam-se alguns anos, e Seghers começa a aparecer nas capas, bíblicas ou não, da Adelphi (*O livro dos Salmos*, de 1985, *Qohélet*, de 2001, mas também na capa para Giorgio Manganelli, *La palude definitiva* [O pântano definitivo], de 1991). E Seghers pertence ao *estilo Adelphi* não menos que Beardsley (ou Colville).

Dos anos 1950 em Roma, lembro-me também de uma névoa de palavras das quais teria aberto mão com prazer. *Alienação* não podia faltar. E também *bilinguismo*. E Manzoni? Era opressivo porque católico ou luminoso porque católico? Questão não resolvida. Em relação aos escritores americanos: podiam até posar de pugilistas, mas não tinham todos eles um quê de *decadentismo*?

De tudo isso, não havia rastro em Bazlen. Os seus pareceres iam *direto ao ponto*, no tempo mais rápido e sem recorrer a novas formulações, sempre estridentes. Interessava-lhe ir além. Não retrucar àquilo que era dito, mas entender *quem falava*, de que matéria era feito — ou alegava ser feito.

Mais ou menos para toda a Itália pós-1945, a besta imunda era o *irracional*. Enquanto Bazlen ignorava essas discussões. Acreditava ser uma perda de tempo. Preferia falar daquilo que se reconhece já pelo som. Era esse o ponto decisivo. Bazlen dizia frequentemente: «Não soa bem» — e era claro que não havia o que fazer. As «inquietudes» que a Bazlen eram sub-repticiamente atribuídas diziam respeito, em geral, à capacidade, que nele era total, de reconhecer esse som.

Primeiravezidade, por sua vez, era uma palavra que Bazlen havia inventado e usava. Significava a relação entre algo que havia acontecido e quem lhe dava um nome. Se isso se dava *subitamente*, o seu caráter abrupto e irreproduzível lhe conferia uma qualidade ulterior, uma força de impacto que depois se dissiparia. Toda a primeira metade do século xx foi uma sequência de primeiravezidades. E isso valia tanto para o dadá como para o Oriente. Quando na Alemanha, pela Diederichs e pela Insel, começaram a ser publicados alguns livros capitais que iam bem além dos confins do Ocidente, inclusive os clássicos taoistas, os primeiros leitores tinham direito a se referir à primeiravezidade. Aqueles textos não haviam sido já pré-mastigados nas universidades. Falavam de mundos que até então não tinham entrado em circulação nas leituras correntes. E introduziam palavras em grande parte enigmáticas. O que era o *Tao*? O que era o *Wu wei*?

Ao contrário, quando se iniciou a Adelphi, não havia quase nada a ser descoberto, mas tudo a ser *redescoberto*. Pelo acréscimo de algo novo, Bazlen esperava. Mas se desiludiu. A parte do programa da Adelphi que menos o convencia era aquela dos Ensaios, que se limitavam, na maior parte, a ruminações anglo-saxãs e que tentavam colocar em ordem aquilo que a caótica primeira metade do século xx havia desmantelado. Passaram-se sessenta anos desde então, e a sensação se repete e se confirma. As University Press americanas, que teriam todos os meios para experimentações, continuam a se restringir a um ambiente sociopolítico frequentemente doentio. O mundo, porém, é muito mais vasto.

Bazlen não falava de *mitos*, pelo que eu me lembro. A própria palavra era proibida, ainda durante os anos em que nos víamos. E antes era associada a visões lastimáveis (a Roma imperial, a imensa farsa do fascismo). E, mesmo assim, aquilo que Pound havia definido e descrito como *mito* em um de seus lampejos de fulgurante e máxima lucidez correspondia, ponto por ponto, ao que Bazlen entendia e a tudo aquilo que dizia. Não era necessária nenhuma palavra a mais: «Acredito que a humanidade tenha uma espécie de fundamento permanente, isto é, acredito que o mito grego tenha surgido no momento em que alguém que havia passado por uma refinada experiência psíquica buscou comunicá-la aos outros e lhe foi necessário proteger-se das perseguições. Esteticamente falando, os mitos são explicações de estados da alma. Podemos parar por aqui ou ir mais fundo, mas é certo, em todo caso, que esses mitos somente são inteligíveis em sentido vívido e luminoso àqueles que os experienciam.

Quero dizer que conheço uma pessoa que entende Perséfone e Deméter, uma que entende Lauro, uma que (por assim dizer) conheceu Ártemis. Para elas, essas coisas são absolutamente *reais*».

Em 1947, Bazlen foi encarregado pela revista semanal *Omnibus* de escrever um *retrato de Freud* em poucas palavras. Um feito hoje improvável. Bazlen respondeu pontualmente, com um artigo em que, separando alguns blocos, se obtém o que havia sido encomendado, reduzido ao número mínimo de palavras:

«Genialidade implica unilateralidade, implica monomania. Descobrir um mundo novo cria a obrigação de ver outros. Dar-se conta também de outros mundos, é verdade, permitiria perspectivas mais exatas, uma sabedoria mais vasta, mas seria em detrimento daquela concentração, daquele ímpeto, daquela intensidade demoníaca de que o gênio necessita para cumprir a sua única tarefa. Isso leva muitas vezes a ir além dos limites, a querer explicar o todo por uma única visão parcial.

«Freud explora em profundidade, examina em profundidade, experimenta em profundidade, descobre em profundidade. Mas não concebe outras realidades ao redor dele, não imagina outros valores para além daqueles do ambiente no qual nasceu e viveu. E o ambiente era pequeno, saciado, realizado; digeria sobre bases sólidas e conhecidas que o positivismo de então considerava eternas. Gente que havia substituído a luta pela vida pela luta pela carreira, gente encurvada sobre o microscópio para extorquir dos bacilos a solução do enigma do ser, gente cujo teatro tinha um único problema: o adultério.

«Freud, encurvado sobre o seu microscópio, descobre os bacilos da alma. E descobre a alma. Mas é um cientista do século XIX e acredita que o enigma da alma se resolva vendo apenas os bacilos. É um cientista, recusa-se a ser considerado um filósofo, mas nem por isso da sua obra, nascida naquele clima, deriva implícita uma filosofia, uma visão de mundo, um programa, um ideal humano: do Homem da Alma Pasteurizada, o qual, em um mundo já sem símbolos, e em virtude da sua sexualidade normalizada, libertou a libido necessária para finalmente fazer carreira.

«Para nós, maturados em um mundo do qual a descoberta de Freud é uma das tantas premissas, que passamos por realidades muito diferentes daquela única realidade do único ambiente de Freud, a mecanicidade das suas aplicações causa incômodo, as suas deduções se tornaram planas e mesquinhas. O que Freud nos deu realmente já é óbvio, cotidiano, corriqueiro, banal. E esquecemos que a prova da grandiosidade de certas descobertas está justamente no fato de se tornarem imediatamente 'naturais'.

«Certamente, porém, pela grandiosidade da personalidade desse cientista, pela monumentalidade do escritor. Um olhar incorruptível e cauteloso, um empirismo feroz, religioso, uma lealdade de procedimento que não descarta nenhum contra-argumento antes de tê-lo atentamente avaliado, uma honesta responsabilidade equitativa etc., uma habilidade didática que faz com que o discípulo chegue, de maneira convicta, aonde o mestre o queria levar, um grande gesto despótico que defende quando sente ter positivamente conquistado — e, nos grandes momentos, um *páthos* intelectual e uma solenidade de dicção que, sozinhos, são suficientes para dar a medida desse homem e dessa obra.

«Esse cientista do século XIX, que de todos os mitos que moveram a história do mundo viu e dissecou somente o mito patriarcal, é o último grande patriarca».

Não havia uma única palavra a ser retirada. E nenhuma palavra poderia ser substituída. Anos depois, em uma situação parecida, quase tudo seria retirado e substituído.

Espelunca era uma palavra que Bazlen usava muito (em alemão, *Spelunken*, graciosa fusão entre «espelunca» propriamente e «caverna, gruta»). Quando saíamos, frequentemente era à procura de uma espelunca melhor que a outra. Procura geralmente vã. Roma estava, nesse momento, fora de questão, já invadida pelos locais que existem hoje. E de espeluncas não se falava mais. Assim, íamos um pouco para fora da cidade, seguindo as grandes vias romanas. E, ali também, aquilo que Bazlen buscava havia praticamente desaparecido: uma sala despojada, com poucas mesas de madeira, poucos clientes, nada de música, um vinho tolerável. Difícil achar essas virtudes reunidas. E, então, falávamos de tudo que acontecia.

Somente quando li e traduzi *Il capitano di lungo corso* [O capitão de longo curso], o romance de Bazlen, percebi que a espelunca era na verdade um dos eixos da história — na verdade, uma fase da vida. Lugar a ser abandonado, habitado por três personagens aos quais sempre falta algo (o Zarolho, Perna de Pau, o Bexiguento), mas que eram evidentemente necessários. O Capitão irá se desfazer deles, mas sempre levando-os consigo.

Fazem parte daquilo que ele tinha vivido. Como ele conseguiu seguir adiante? E por que a *espelunca* sempre voltava, na verdade sempre útil, na sua quase inexistência, em relação a tudo aquilo que a circundava? «'Agora até se metem a rir de mim', pensou o Capitão, 'na verdade, eu mereço', mas não se sentia exatamente à vontade. Vagueou pelas ruas, com um ar impenetrável, sem destino, teve o cuidado de se manter distante da zona do porto, teria sido desagradável encontrar justo agora o garçom. As ruas estavam quase vazias, nuvens escuras cobriam a lua, dos jardins vinha o perfume das tílias, um velho esperava um cão que estava fazendo xixi na esquina. O Capitão continuava a andar sem rumo, cada vez mais veloz, por aqui já tinha passado antes, o sinal de Caim começou a queimar-lhe a face, passou de novo na frente do bordel, o que é demais é demais. Claro, podia aceitar tudo, na verdade ele era razoável e sem preconceitos, e nunca havia tido certas ilusões.»

Meio século atrás, eu escrevia: «De Roberto Bazlen, seria arbitrário dizer o que ele pensava». Eu também falava dele como um «xamã travestido em hábitos burgueses». Até hoje penso assim, ainda que a palavra *xamã* tenha sofrido nesse meio-tempo ultrajes tão penosos a ponto de tirar qualquer vontade de pronunciá-la.

Aconteceu em seguida que tive a oportunidade de ler aquilo que permaneceu das anotações de Bazlen. Em primeiro lugar, três blocos de diários (datados de 1941, 1944, 1946), escritos em alemão em cadernos escolares, com caligrafia miúda, de uma margem a outra da página. Na maioria, crônicas de como se viviam aqueles dias em Roma, com ocasionais divagações.

Encontro nessas páginas locais e cafeterias: Babington, o Caffè Greco, a Rosetta, os Tre Scalini, Alibert. E uma rede de pessoas ligadas entre si: o «adorável» Penna, Giacomino [Debenedetti], Elsa e Alberto [Morante e Moravia], Flaiano e sua mulher Rosetta, Leonor [Fini], Afro. Sobre todos, paira Ernst Bernhard como a autoridade à qual se deve *recorrer*. E uma mulher, ausente, *uma mulher para sempre*: Ljuba; e uma *garota*, Bianca, sempre turbilhonante.

Hoje eu evitaria, com pesar, a palavra *xamã*. O mundo não sabe mais contê-la. Eu diria apenas que Bobi era a pessoa *mais rápida* em ver o «detalhe luminoso» (Pound) que tive a sorte de encontrar.

Entre as anotações para o *Capitano di lungo corso*, encontram-se ainda estas palavras:

«mas ele não pode ser incomodado... Sim, diz, estou em reunião dia e noite, e trabalham sem parar... 'Mas o que vão fazer', perguntou o Capitão... 'Estão salvando o humanismo', disse o outro... 'Então, é melhor não incomodar mesmo', disse o Capitão...»;

«porque para escrever eu preciso beber, mas para beber, comer, e comer me deixa pesado, e portanto melancólico, então beber sem comer, mas beber sem comer faz o vinho subir na cabeça e no dia seguinte sinto o vinho, e então não posso escrever, e fico com a consciência pesada porque não escrevo, e por isso, para trabalhar, não escrevo cartas, mas o trabalho é tedioso, então dormir, mas eu durmo demais, e não dormir já é uma conquista, e então ao cinematógrafo».

Entre as frases de Bazlen, havia uma que sempre me assustou por sua dureza e seu caráter enigmático: «Kafka etc.: tornar para si as coisas tão difíceis é muito fácil». Dizer «Kafka etc.» já dá calafrios. Não se sabe a que se agarrar. Quem é esse «etc.» ao lado de quem escreveu «Só como Franz Kafka»?

Mas é todo o sentido da frase que deve ser alcançado. Para Kafka, a vida cotidiana se apresentava como uma montanha intransponível. E, se observamos a mera quantidade daquilo que dele permaneceu escrito, as cartas prevalecem, como cumes himalaicos. Cartas que não terminam nunca, sobretudo aquelas sobre Felice, cartas para um casamento fracassado, ou aquelas para Milena, para um amor que não consegue não ser torturante, mas também cartas minuciosas sobre episódios de outro gênero, como aquele acerca da invasiva Jarmila Reiner, colega de escola de Milena, que atormentava Kafka com as suas desventuras sentimentais.

Por qual motivo Kafka, que estava se aproximando do ápice do *Castelo* e logo estaria imerso nos três grandes contos de animais, tinha que continuar a submeter-se à compulsão de se enredar naquelas escrituras retorcidas sobre si mesmas, das quais vez ou outra jorravam frases fulgurantes?

Era essa uma maneira de «tornar para si as coisas tão difíceis», em vez de seguir em frente, não se sabe bem para onde? Mas era então o vício de um mundo inteiro que não conseguia sustentar a paralisia pela qual havia sido atingido. Quando Bazlen escreveu essa frase, haviam se passado várias décadas da morte de Kafka. Uma outra guerra tinha sido levada a cabo. Seria preciso considerá-la como uma nova oportunidade para permanecer atolado na paralisia? Certamente o próprio Bazlen não sabia. Mas um caminho poderia também ser o de tratar tudo como se fosse *mais fácil*, ainda irresoluto, talvez inútil, talvez vão, mas diferente da cabeça baixa de quem continuava a se sentir oprimido pelo *colapso de tudo*.

Bazlen não tinha como se aperceber do tsunami informático que em breve escalpelaria o cérebro humano. Quando ele morreu, ainda não existiam palavras como internet, instagram, facebook, twitter e outras. E ninguém havia previsto o seu domínio. Para Bazlen, o «mundo novo» que se avizinhava dependeria cada vez mais da pesquisa físico-matemática ou biológica — e seus resultados não lhe pareciam redundar em algo de muito novo, mas sim em uma confirmação e um agravamento do velho. Havia somente uma angústia recorrente para ele: acreditava que uma novidade pudesse vir da parapsicologia, mas os livros que tratavam disso o desiludiam. Continuava, porém, a defender aquela via — e deixou isso claro a propósito do livro de Rosalind Heywood, *O sexto sentido*.

O que era, na época, Bazlen em comparação ao reino da informática? Uma relíquia? O testemunho de um mundo passado, fascinante, mas a ser deixado a poucos estudiosos que o reconstruiriam, entre muitas gafes e imprecisões, com a impressão de ter realizado uma obrigação cultural? Teria se tornado tudo aquilo que Bazlen mais detestava.

E, em vez disso, continua a ser totalmente o contrário: um *poderoso antídoto*. Não é verdade que o reino da informática seja a normalidade, como hoje a humanidade tende a crer, desde a Malásia até Portugal e o Alasca. E seria tolo, além de impossível, ignorar esse reino, porque pertence à natureza, portanto a nós. Mas a humanidade é sempre suspeita. Permanece ainda a possibilidade de uma vida que se aproprie do reino da informática como um poder a ser aplicado quando servir. Ou, ao contrário, pode-se tentar escapar ao seu império. Bazlen, então, voltaria a ser ainda mais útil. Ou, como se costuma dizer, *atual*.

Não sei o que é. Hoje estava no canto de uma mesa minha — a primeira das três mesas nas quais escrevi todos os meus livros. A cavidade está repleta, no seu exíguo espaço, de objetos disparatados, cobertos por uma imagem emoldurada em preto e dourado que somente um pouco depois entendi ser um anjo com armadura, e a escrita: São Miguel Arcanjo, de um lado, e Panormitis, do outro. Panormitis... Então, voltou a aflorar a visão de um célebre santuário na ilha de Simi, muitos anos atrás. E agora a imagem depositada ali, naquele objeto que eu não saberia definir, como proteção. Perguntei a um amigo. Ele me disse: «É o pedaço de uma granada». Havia ainda uma rolha de champanhe, algumas moedas suíças, peças de reposição para um grampeador, uma borracha Spalding cortada. Mas o que era o objeto em si?

Metálico, prateado, descomposto, curvado. Bobi aludiu a uma cafeteira que tinha *explodido*. Não disse por que nem como. Me deu o objeto como um cinzeiro. Assim eu o usei por muitos anos entre um Gauloise e um Gitane. É o único objeto ao meu redor do qual não posso dizer nada de preciso. Gosto da sua inexplicável curvatura, em quatro ondas. Nada me lembra tanto Odradek.

Somente uma vez Bazlen me pediu um favor: mandar encadernar a sua cópia de *Abandono à providência divina*, de Jean-Pierre de Caussade. O livro, de fato, estava caindo aos pedaços, por excesso de uso. Mandei encaderná-lo em marroquim verde. Bonito, mas não tenho certeza de que fosse do gosto de Bazlen.

Certamente foi o livro que ele mais havia posto em prática, junto com o *I Ching*, do qual permanecem inúmeros hexagramas em seus diários. Mas Bazlen jamais havia observado a liturgia nem a dogmática católica — e dizer *I Ching* equivalia a nomear a China inteira, tal como havia emergido, milhares de anos atrás, nas rachaduras do dorso de algumas tartarugas. Era talvez essa a resposta à inconveniente pergunta de Montale, que se interrogava se Bazlen teria sido um *místico*. Palavras ditas por alguém que havia pautado a sua vida pela autoproteção e por um certo receio. Bazlen, ao contrário, fundara sua vida em um irremediável não saber, exposto às ondas de todas as direções. Foi a sua maneira de *se tornar vivo*.

Das Andere
últimos volumes publicados

27. Yasmina Reza
O deus da carnificina
28. Davide Enia
Notas para um naufrágio
29. David Foster Wallace
Um antídoto
contra a solidão
30. Ginevra Lamberti
Por que começo do fim
31. Géraldine Schwarz
Os amnésicos
32. Massimo Recalcati
O complexo de Telêmaco
33. Wisława Szymborska
Correio literário
34. Francesca Mannocchi
Cada um carregue
sua culpa
35. Emanuele Trevi
Duas vidas
36. Kim Thúy
Ru
37. Max Lobe
A Trindade Bantu
38. W. H. Auden
Aulas sobre Shakespeare
39. Aixa de la Cruz
Mudar de ideia
40. Natalia Ginzburg
Não me pergunte jamais
41. Jonas Hassen Khemiri
A cláusula do pai
42. Edna St. Vincent Millay
Poemas, solilóquios
e sonetos
43. Czesław Miłosz
Mente cativa
44. Alice Albinia
Impérios do Indo
45. Simona Vinci
O medo do medo
46. Krystyna Dąbrowska
Agência de viagens
47. Hisham Matar
O retorno
48. Yasmina Reza
Felizes os felizes
49. Valentina Maini
O emaranhado
50. Teresa Ciabatti
A mais amada
51. Elisabeth Åsbrink
1947
52. Paolo Milone
A arte de
amarrar as pessoas
53. Fleur Jaeggy
Os suaves anos do castigo
54. Roberto Calasso
Bobi

Dados Internacionais
de Catalogação na Publicação (CIP)
(Câmara Brasileira do Livro, Brasil)

Calasso, Roberto
   Bobi / Roberto Calasso. -- Belo
Horizonte, MG : Editora Âyiné, 2024.
   Título original: Bobi
   Isbn 978-65-5998-145-8
1. Literatura italiana.
I. Título.
   2024-1534
   CDD 850
   CDU 821.131.1

Índices para catálogo sistemático:
1. Literatura italiana 850
2. Literatura italiana 821.131.1
Vagner Rodolfo da Silva
   Bibliotecário CRB-8/9410
Nesta edição, respeitou-se
   o Novo Acordo Ortográfico
   da Língua Portuguesa.